LOS BEBÉS DE LA SELVA

LOS JAGUARES CACHORROS

por Genevieve Nilsen

TABLA DE CONTENIDO

tadpole en español

PALABRAS A SABER

cachorros

cazan

juegan

mamá

manchas

pelo

LOS JAGUARES CACHORROS

Estos son jaguares cachorros.

Hay dos.

¿Ves sus manchas?

Mamá les limpia el pelo.

Ellos juegan.

Aprenden a cazar.

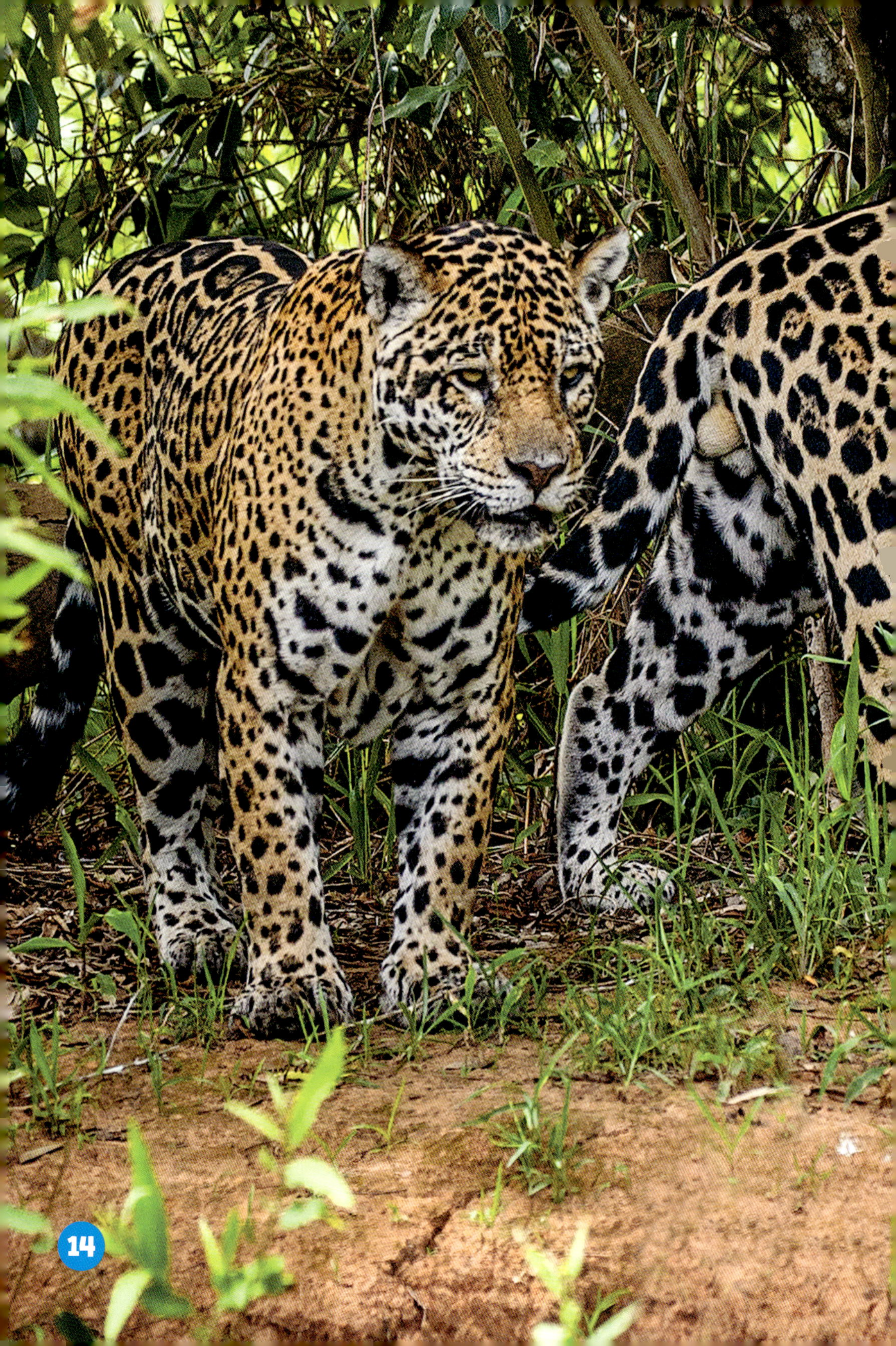

¡Crecen!

¡REPASEMOS!

¿Dónde están estos jaguares cachorros y su mamá?

ÍNDICE